Yoga pour Chats

Dans la même collection:

Déjà paru: **ASTROLOGIE POUR CHATS**

A paraître: **GYMNASTIQUE POUR CHATS**

YOGA POUR CHATS

de

Traudl & Walter Reiner

Traduction de Natalie Zimmermann

La Sirène

Pour Friski, Boots,
Jacky et Jed

Edition originale sous le titre *Yoga für Katzen*

Dépôt légal : Deuxième trimestre 1994
ISBN : 2.84045.071.2

Editions La Sirène
18, Avenue de la Cristallerie - 92310 Sèvres

« La pratique régulière
des âsanas, de la Prânâyâma
et de la méditation fera
de vous un chat accompli,
avisé et luisant de santé. »

Swami Minounanda

Institut de YOG
YOGA

our Chat

Timi

May Ling

Squat

Monsieur Wapiti

Nous remercions les responsables de l'Institut de Yoga pour Chats pour leur soutien amical.

Whim

Noiraud

Echauffement et Pre-Exercices

Détendre d'abord les pattes antérieures et postérieures.
Continuer avec le ventre et la poitrine, puis le cou,
le visage et enfin les moustaches.

Exercices Dorsaux

Exercices des Epaules

Exercices des Pattes Anterieures et Posterieures

Mouvement Oculaire N°1

S'asseoir dans une position détendue. Garder la tête droite tandis que les yeux suivent un objet qui va et vient devant vous. Seuls les yeux doivent bouger.

Mouvement Oculaire N°2

Sarvangasana

(Verticale sur les épaules)

Variante
(Position du pont)

Sirsasana

(Position du poirier)

Prendre la pose

tête en plein appui

pattes tendues

Variante du lotus

Timi se rafraîchit sous une bonne douche froide après son poirier tandis que La Baston se détend en lisant des bédés.

VIPARITA KARANI

(Position renversée)

Hanumanasana

(Grand écart,
ou position de Hanuman)

Halasana

(Position de la charrue)

Etapes

Bhujangasana

(Position du cobra)

Variantes

SALABHASANA

(Position de la sauterelle)

Demi-sauterelle

Sauterelle complète

Variantes

Dhanurasana

(Position de l'arc)

Variante

ARDHA MATSYENDRASANA

(Demi-torsion du buste)

(Cette âsana porte le nom du célèbre yogi Matsyendra)

Etapes

Variantes

Variante avec jambe repliée
et mains jointes dans le dos

Torsion complète du buste

MAYURASANA

(Position du paon)

Etapes

SUPTA VAJRASANA

(Position du gisant foudroyé)

Etapes

JANU SIRSASANA

(Position de la pince)

Etapes

Variantes

Après la Janu Sirsasana, May Ling récupère
en écoutant un peu de musique méditative.

Yoga pour Chats
Ardha Chandrasana
Halasana

Chakrasana

(Position de la roue)

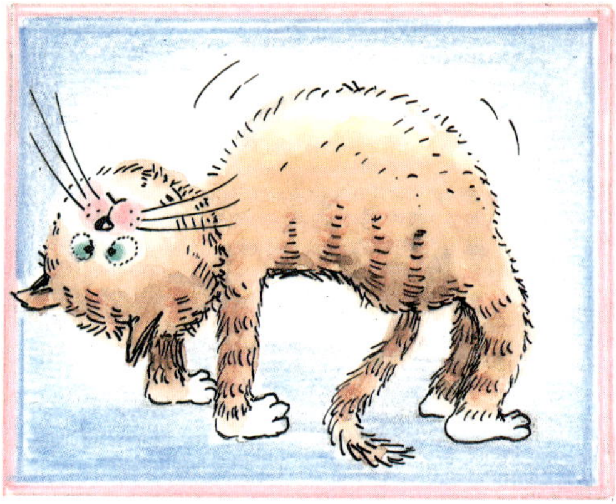

Etapes

Kurmasana

(Position de la tortue)

Etapes

Chaturkonasana

(Position des quatre coins)

Variante

Akarna Dhanurasana

(Position de l'arc bandé)

Etape

Préparation

Samkatasana

(Position héroïque)

Etapes

Echauffement

MANDUKASANA

(Position de la grenouille)

Variante dynamique

Kutilangasana

(Position du serpent)

Setuasana

(Position de l'arche)

Uttan Pristhasana

(Position du chien)

Simhasana

(Position du lion)

Variantes

Ardha Chandrasana

(Position de la demi-lune)

ASTROLOGIE POUR CHATS

Monsieur Wapiti apprécie de faire une pause avec son livre favori.

Garudasana

(Position de l'aigle)

Etapes

VRKSASANA

(Position de l'arbre)

Variante

Préparation

Natarajasana

(Position du Seigneur de la danse)

Etapes

Variantes

Pause

Trikonasana

(Position du triangle)

Etapes

Variantes dynamiques

Utkatasana

(Position de la chaise)

Bhadrasana

(Position douce)

Savasana

(Position de la mort feinte)

Etapes

POSITIONS MEDITATIVES

(Position du lotus parfait)

VAJRASANA
(Position du coup de foudre)

VIRASANA
(Position du guerrier)

SUKHASANA
(Position du repos)

Padmasana

(Position du lotus)

Echauffements

Noiraud fait une pause et se détend en regardant
les émissions de la Souris.

1. Variante

2. Variante

Padmasana

(Position du lotus)

3. Variante

Yoga Mudra

(Position des pieds et poings liés)

Etapes

Variantes

SURYANAMASKAR

(Salutation au soleil)

2

2

2

Pendant la pause, Whim fait la « Salutation au soleil ».

Antique and Modern Art
Chat

Uddiyana Bandha

(Contraction de l'estomac)

Etapes

Maha Mudra

(Le grand sceau)

Maha Bandha

(Le grand verrou ou verrou du menton)

Etapes

Maha Veda

(Position du coq)

Variante.

Respirer a Fond

Préparation

Respiration Rythmique

Pousser le diaphragme en avant
et faire gonfler le ventre.

Expirer, rentrer le diaphragme
et laisser le ventre se contracter.

Pranayama

(Exercices respiratoires)

Etapes

Respiration alternée d'une narine à l'autre

FIN

YOGA POUR CHATS
YOGA

Achevé d'imprimer et de relier en Avril 1994
sur les presses de Partenaires Fabrication, C.E.E.